We give You thanks (ru 007)

Text und Melodie: Hayes Mark Leslie, Satz: Armin Sprenger

© Tempo Music Publishing für D, A, CH: Small Stone Media Germany GmbH, Köln – Chorheft 2010 SKGB

love, love for our sis - ters and bro - - - thers.

love, love for our sis - ters and bro - - - thers.

We give You, we give you thanks, thanks for our, thanks for our gifts,

We give You thanks, thanks for our gifts,

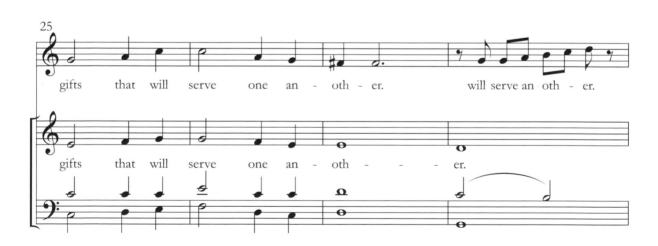

gifts that will serve one an - oth - er. will serve an oth - er.

gifts that will serve one an - oth - - - er.

We give You, we give You thanks, thanks for Your, for Your love,_____

We give You thanks, thanks for Your love,

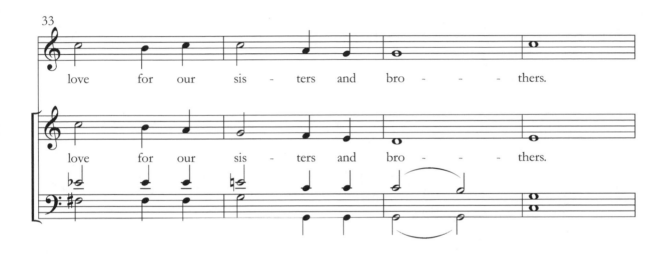

love for our sis - ters and bro - - - - thers.

love for our sis - ters and bro - - - thers.

rit.

3

Hilf, Herr meines Lebens (ru 009 / RG 825 / KG 547)

Text: Gustav Lohmann/Markus Jenny (3. Strophe), Melodie: Hans Puls, Satz: Burkhard Kinzler
© Gustav Bosse Verlag, Kassel – Chorheft 2010 SKGB

Herr, ich seh die Himmel (ru 016)

Text: Manfred Siebald, Melodie: Ove Gansmoe, Satz: Helmut Kambach
© SCM Hänssler, Holzgerlingen – Chorheft 2010 SKGB

25   *1. Strophe*

1. Was sind die Men - schen, was sind die Men - schen,
(2. Herr, un - ser Herr - scher, wie herr - lich ist dein Na - me, wie

1. Was sind die Men - schen, was sind die Men - schen,
(2. Herr, un - ser Herr - scher, wie herr - lich ist dein Na - me, wie

1. Was sind die Men - schen, was sind die Men - schen,
(2. Herr, un - ser Herr - scher, wie herr - lich ist dein Na - me, wie

29

dass du an sie denkst und Sor - ge für sie trägst?
herr - lich ist dein Na - me in al - len Lan - den!)

dass du an sie denkst und Sor - ge für sie trägst?
herr - lich ist dein Na - me in al - len Lan - den!)

dass du an sie denkst und Sor - ge für sie trägst?
herr - lich ist dein Na - me in al - len Lan - den!)

33   *Kehrvers*

Herr, ich seh die Him - mel, dei - ner Hän - de Werk, den Mond und die

Herr, ich seh die Him - mel, dei - ner Hän - de Werk, den Mond und die

Herr, ich seh die Him - mel, dei - ner Hän - de Werk, den Mond und die

53

herr - lich ist dein Na – me in al – len Lan – den!

herr - lich ist dein Na – me in al – len Lan – den!

herr - lich ist dein Na – me in al – len Lan – den!

57

Hal - le - lu - ja, hal - le - lu -

Kehrvers

Herr, ich seh die Him - mel, dei – ner Hän - de Werk, den

Herr, ich seh die Him - mel, dei – – – ner Hän - de Werk, den

Herr, ich seh die Him - mel, dei - ner Hän - de Werk,_____ den

61

ja! Hal - le - lu - ja, hal - le - lu - ja!

Mond und die Ster – ne, die du ge - macht;

Mond und die Ster – ne, die_____ du ge - macht;

Mond_____ und die Ster – ne, die_____ du ge - macht;

10

65

Hal-le - lu - ja, hal-le-lu -

und ich muss dir dan-ken, denn du bist gross und

und ich muss dir dan-ken, denn du bist gross und

und ich muss dir dan-ken, denn du bist gross und

69

ja! Hal-le - lu - ja, hal - le - lu - ja!

hast doch in Lie - be an mich ge - dacht.

hast doch in Lie - be an mich ge - dacht.

hast doch in Lie - be an mich ge - dacht.

73

Hal-le - lu - ja, hal-le-lu - ja!

an mich ge - dacht.

an mich ge - dacht.

an mich ge - dacht.

11

Seht, neuer Morgen (ru 024)

1. Seht, neu-er Mor-gen in uns-rer Nacht:
2. Hört, gu-te Nach-richt, Freu-den-ge-sang: Gott be-freit sein
3. Seht, neu-es Le-ben, seht neu-e Welt:

Volk, schon kommt er her-bei.
Glück für die Men-schen, Ruf in der Wüs-te
Er schenkt den Frie-den,

Fest oh-ne End:
trifft un-ser Ohr: Be-rei-tet den Weg, den Weg für den
er ist bei uns:

Text: Winfried Offele (D), Melodie: Jo Akepsimas, Satz: Christoph Dalitz
© Editions Musicales, Paris (deutscher Text beim Autor) – Chorheft 2010 SKGB

Herrn. Be - rei - tet den Weg, den Weg für den Herrn.

Seht, neuer Morgen (ru 024)

ab 2. Strophe Instrument ad libitum

1. Seht, neu-er Mor - gen in uns-rer Nacht:
2. Hört, gu-te Nach-richt, Freu - den-ge - sang:
3. Seht, neu-es Le - ben, seht neu - e Welt:

Text: Winfried Offele (D), Melodie: Jo Akepsimas, Satz: Armin Sprenger
© Editions Musicales, Paris (deutscher Text beim Autor) – Chorheft 2010 SKGB

Gott be - freit sein Volk, schon kommt er her - bei. Glück für die
Gott be - freit sein Volk, schon kommt er her - bei. Ruf in der
Gott be - freit sein Volk, schon kommt er her - bei. Er schenkt den

Men - schen, Fest oh - ne End:
Wüs - te trifft un - ser Ohr: Be - rei - tet den Weg, den
Frie - den, er ist bei uns:

Weg für den Herrn. Be - rei - tet den Weg, den Weg für den Herrn.

Singt dem Herrn, alle Völker und Rassen
(ru 039 / RG 250 / KG 536)

Singt dem Herrn, al - le Völ - ker und Ras - sen, Tag für Tag ver - kün - det sein Heil.

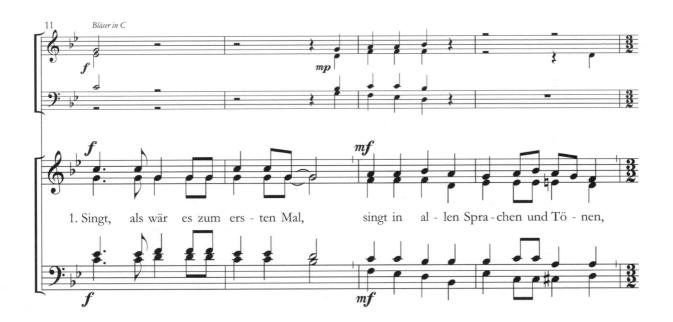

1. Singt, als wär es zum ers - ten Mal, singt in al - len Spra - chen und Tö - nen,

Text: Hans Bernhard Meyer, Melodie: Peter Janssens, Satz: Iso Rechsteiner,
aus: Peter Janssens, «Gute Nachricht für alle Völker» 1970

folgt Kehrvers

singt und ruft sei-nen Na - men aus. _____ sei - nen Na - men aus.

sei - nen Na - men aus.

folgt Kehrvers

2. Wer-det nicht mü-de von ihm zu spre-chen, von sei-ner ver-bor-ge-nen Ge-gen-wart

al-lem, was lebt und ge - schieht. _____

folgt Kehrvers

was lebt und ge-schieht.

in ___ al - lem, was lebt und ge - schieht. _____

was lebt und ge-schieht.

folgt Kehrvers

3. Sucht neu-e Wor - te das Wort zu verkün-den, neu - e Ge-dan - ken es aus - zu - den - ken, da-

folgt Kehrvers

mit al - le Men - schen die Bot - schaft hör'n, die Bot - schaft hör'n.

die Bot - schaft hör'n.

folgt Kehrvers

4. Lasst Gott gross sein und be - tet ihn an. Er ist mehr als Wort und Ge-dan - ke.

folgt Kehrvers

al - len: Er ist der Herr.

Er ist der Herr.

Sagt es al - len: Er ist der Herr.

Er ist der Herr.

folgt Kehrvers

18

Singt dem Herrn, alle Völker und Rassen
(ru 039 / RG 250 / KG 536)

Text: Hans Bernhard Meyer, Melodie: Peter Janssens, Satz: Klaus Schöbel,
aus: Peter Janssens, «Gute Nachricht für alle Völker» 1970

singt und ruft sei - nen Na - men aus.

Singt und ruft sei - nen Na - men aus.

folgt Kehrvers

2. Wer - det nicht mü - de von ihm zu spre - chen, von sei - ner ver-

Singt dem Herrn al - le Völ - ker, in al - len

bor - ge - nen Ge - gen - wart in al - lem, was lebt und ge - schieht.

Spra - chen singt! Lobt in al - lem, was lebt und ge - schieht.

folgt Kehrvers

folgt Kehrvers

folgt Kehrvers

He's got the whole world
(ru 120 / RG 536)

Text und Melodie: überliefert, Oberstimme: Dietrich Jäger
© Schweizerischer Kirchengesangsbund SKGB – Chorheft 2010 SKGB

Bewahre uns, Gott

(ru 042 / RG 346)

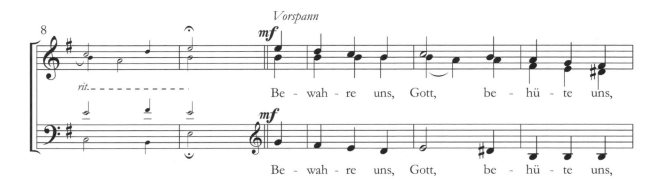

Text: Eugen Eckert, Melodie: Anders Ruuth, Satz: Iso Rechsteiner

NB. Die Überstimmen können zur Abwechslung auch vokalisiert oder gesummt werden.

© Carus-Verlag, Stuttgart – Chorheft 2010 SKGB

23

Strophen 18

1.-4. Be - wah - re uns, Gott, be - hü - te uns,

1.-4. Be - wah - re uns, Gott, be - hü - te uns,

c.f. *poco* **f**

1. Be - wah re uns, Gott, be - hü - te uns, Gott, sei
2. Be - wah re uns, Gott, be - hü - te uns, Gott, sei
3. Be - wah re uns, Gott, be - hü - te uns, Gott, sei
4. Be - wah re uns, Gott, be - hü - te uns, Gott, sei

Gott, be - wah - re, be - hü - te, be - wah - re uns, Gott,

Gott, be - wah - re, be - hü - te, be - wah - re uns, Gott,

mit uns auf un - sern We - gen. Sei
mit uns in al - lem Lei - den. Voll
mit uns vor al - lem Bö - sen. Sei
mit uns durch dei - nen Se - gen. Dein

be - wah - re uns, be - hü - te uns, be -

be - wah - re uns, be - hü - te uns, be -

Quel - le und Brot in Wüs - ten - not, sei um uns mit
Wär - me und Licht im An - ge - sicht, sei na - he in
Wil - le, sei Kraft, die Frie - den schafft, sei in uns, uns
Hei - li - ger Geist, der Le - ben ver - heisst, sei um uns auf

wah - re, be - hü - te uns, be - wah - re uns, be -

wah - re, be - hü - te uns, be - wah - re uns, be -

dei - nem Se - gen. Sei Quel - le und Brot in Wüs - ten -
schwe - ren Zei - ten. Voll Wär - me und Licht im An - ge -
zu er - lö - sen. Sei Wil - le, sei Kraft, die Frie - den
un - sern We - gen. Dein Hei - li - ger Geist, der Le - ben ver -

hü - te uns, be - wah - re, be - hü - te, be - wah - re uns.

hü - te uns, be - wah - re, be - hü - te, be - wah - re uns.

not, sei um uns mit dei - nem Se - gen.
sicht, sei na - he in schwe - ren Zei - ten.
schafft, sei in uns, uns zu er - lö - sen.
heisst, sei um uns auf un - sern We - gen.

rit. _ _ _ _ _ _ _

wah - re, be - hü - te uns, be - wah - re uns, be -

wah - re, be - hü - te uns, be - wah - re uns, be -

dei - nem Se - gen. Sei Quel - le und Brot in Wüs - ten -
schwe - ren Zei - ten. Voll Wär - me und Licht im An - ge -
zu er - lö - sen. Sei Wil - le, sei Kraft, die Frie - den
un - sern We - gen. Dein Hei - li - ger Geist, der Le - ben ver -

hü - te uns, be - wah - re, be - hü - te, be - wah - re uns.

hü - te uns, be - wah - re, be - hü - te, be - wah - re uns.

rit. - - - - - - -

Gib uns Weisheit (ru 044 / RG 835 / KG 229)

poco rubato

Ängs - te, für die
Wahr-heit ein - zu-
Zeit, in der wir

Gib uns Weis - heit, gib uns Mut für die
vie - len klei - nen

Sor - - gen, für das Le - ben heut und
ste - - hen und die Not um uns zu
le - - ben, für die Lie - be, die wir
Schrit - te. Gott, bleib du in uns - rer

mor - gen.
se - hen.
ge - ben.
Mit - te.

Gib uns Weis - heit, gib uns Mut!

Text und Melodie: Irmgard Spiecker, Satz: Peter Lindenmann
© Weltgebetstag der Frauen - Deutsches Komitee e.V. – Chorheft 2010 SKGB

Sei behütet Tag und Nacht (ru 050)

Text: Eugen Eckert, Melodie: Horst Christill, Satz: Armin Sprenger
© Strube Verlag GmbH, München-Berlin – Chorheft 2010 SKGB

nicht ver - lo - ren gehst.

nicht ver -, nicht ver - lo - ren gehst. 2. Geh be - flü - gelt durch die
glei - tet wo du

nicht ver -, lo - ren gehst.

Welt. Du hast Zeit, vor dir liegt Raum. Un - ter Got - tes gros-sem Zelt wird jetzt
magst. Gott bleibt nah, wo du auch bist. Sorgt sich, dass du nie ver - zagst und dein

wahr dein Rei - se - traum. Un - ter Got - tes gros-sem Zelt wird jetzt wahr dein
Weg ge - seg - net ist. Sorgt sich, dass du nie ver - zagst und dein Weg ge -

rit.

1.

2.

Rei - se - traum._____ 3. Sei be -
seg - net ist. A - - - men!

May the road (ru 061)

1. May the road rise to meet you, may the winds be al-ways at your back, may the sun shine warm up-on your face, the rain fall soft up-on your fields.

Chor Uh – uh, uh – uh, uh – uh, uh And un-

Text: Aus Irland, Melodie: James E. Moore jr., Satz: Armin Sprenger
© James E. Moore jr. – Chorheft 2010 SKGB

til we meet a-gain, un - til we meet a-gain, may God hold you in the

palm of His hand! And un - til we meet a - gain, un - til we meet a - gain, may

God hold you in the palm of His hand!

2. May the sun make your days bright, may the

Another day in paradise (ru 156)

Text und Melodie: Philip Collins Ltd., Satz: Eugenio Giovine
© Musik und Text: Phil Collins
© by Phil Collins LTD / Imagem Music, Subverlag für CH: Rudi Schedler Musikverlag GmbH – Chorheft 2010 SKGB

Oh Lord,_____ is there noth-ing more a - ny-bo-dy can do._____

Oh Lord,_____ is there noth-ing more a - ny-bo-dy can do._____

Oh_____ Lord, there must be some-thing you_ can say._____

Oh_____ Lord, there must be some-thing you_ can say._____

_____ You can tell from the lines on her face.

_____ Du du du du on her face,

You can see that she's been there. Pro - ba - bly been moved on from

du du she's been there, du

Wenn du singst (ru 248)

1. Wenn du
2. Wenn du
3. Wenn du
4. Wenn du

singst,   sing nicht al - lein,   steck and - re an,
sprichst,   sprich nicht al - lein,   steck and - re an,
hörst,   hör nicht al - lein,   steck and - re an,
weinst,   wein nicht al - lein,   steck and - re an,

sin - gen kann Krei - se ziehn.   Wenn du singst,   sing nicht al - lein,
spre - chen kann Krei - se ziehn. Wenn du sprichst, sprich nicht für dich,
hö - ren kann Krei - se ziehn.   Wenn du hörst,   hör nicht für dich,
wei - nen kann Krei - se ziehn.   Wenn du weinst,   wein nicht für dich,

Text und Melodie: Hans Georg Surmund, Satz: Armin Sprenger
© beim Urheber – Chorheft 2010 SKGB

5. Wenn du lachst, lach nicht allein, steck andre an, lachen kann Kreise ziehn.
   Wenn du lachst, lach nicht für dich, lach andre an!
6. Wenn du glaubst, glaub nicht allein, steck andre an, glauben kann Kreise ziehn.
   Wenn du glaubst, glaub nicht für dich, glaub auch für mich!

Unser Leben sei ein Fest (RG 663)

Text: Joseph Metternich Team (1. Strophe), Kurt Rose (2. Strophe), unbekannt (3. Strophe),
Melodie: Peter Janssens, Satz: Iso Rechsteiner, aus: Peter Janssens, «Meine Lieder» 1992
© alle Rechte im Peter Janssens Musik Verlag, Telgte-Westfalen – Chorheft 2010 SKGB

Hän - den, Je - su Geist in un - se - ren Wer - ken.
We - ge, Je - su Weg für un - ser Le - ben. 1.–3. Un-ser Le - ben sei ein
Wor - ten, Je - su Lie - be in un - se - ren Her - zen.

1.–3. Un-ser Le-ben sei ein

Fest, so wie heu - te an je - dem Tag. _____

Fest, so wie heu - te, so wie heu - te an je - dem Tag.

Nachspiel

rit. _ _ _ _ _ _ .

40